RESUELVE! MATEMÁTICAS EN EL ESPACIO

MATEMÁTICAS EN LA LUNA

Mark A. Harasymiw
Traducido por Alberto Jiménez

Gareth Stevens
PUBLISHING

Please visit our website, www.garethstevens.com. For a free color catalog of all our high-quality books, call toll free 1-800-542-2595 or fax 1-877-542-2596.

Cataloging-in-Publication Data

Names: Saxena, Shalini, 1982- author.
Title: Matemáticas en la Luna / Shalini Saxena, translated by Alberto Jiménez.
Description: New York : Gareth Stevens Publishing, [2017] | Series: ¡Resuelve! Matemáticas en el espacio | Includes bibliographical references and index.
Identifiers: ISBN 9781482452341 (pbk.) | ISBN 9781482452365 (library bound) | ISBN 9781482452358 (6 pack)
Subjects: LCSH: Moon–Juvenile literature. | Mathematics–Juvenile literature.
Classification: LCC QB582 .S29 2017 | DDC 523.3–dc23

First Edition

Published in 2017 by
Gareth Stevens Publishing
111 East 14th Street, Suite 349
New York, NY 10003

Designer: Laura Bowen
Editor: Therese Shea

Photo credits: Cover, p. 1 (moon) dzika_mrowka/Shutterstock.com; cover, p. 1 (metal banner) Eky Studio/Shutterstock.com; cover, pp. 1–24 (striped banner) M. Stasy/Shutterstock.com; cover, pp. 1–24 (stars) angelinast/Shutterstock.com; cover, pp. 1–24 (math pattern) Marina Sun/Shutterstock.com; pp. 4–24 (text box) Paper Street Design/Shutterstock.com; pp. 5, 17, 19 courtesy of NASA.com; p. 7 Aphelleon/Shutterstock.com; p. 9 Arnie Rosner/Photolibrary/Getty Images; p. 11 (top) Paul J Martin/Shutterstock.com; p. 11 (bottom) Desigua/Shutterstock.com; p. 13 Castleski/Shutterstock.com; p. 15 ASIF HASSAN/AFP/Getty Images; p. 21 Stocktrek Images/Getty Images.

Printed in the United States of America

CPSIA compliance information: Batch #CS16GS: For further information contact Gareth Stevens, New York, New York at 1-800-542-2595.

CONTENIDO

Las palabras del glosario se muestran en **negrita** la primera vez que aparecen en el texto.

MISIÓN A LA LUNA

Los seres humanos llevan miles de años contemplando el cielo nocturno y haciéndose preguntas sobre la Luna. Gracias a las naves espaciales y a otras herramientas y máquinas, sabemos ahora que se trata de una parte muy importante de nuestro **sistema solar**.

En 1969, los **astronautas** Neil Armstrong y Edwin "Buzz" Aldrin Jr. se convirtieron en los primeros seres humanos en pisar la Luna. Desde entonces, ha habido otras **misiones lunares**. En este libro tú eres el explorador lunar. ¿Cómo pueden aprenderse cosas de algo que está tan lejos? ¡Es más sencillo de lo que crees! ¿Listo para el despegue?

TU MISIÓN

Ya conoces uno de los recursos imprescindibles de la exploración: las matemáticas; una de las herramientas más importantes que utilizan los científicos. En este libro, tu misión será utilizar las matemáticas para resolver algunos de los muchos misterios de la Luna. Mira las respuestas que aparecen boca abajo para verificar tus cálculos.

La misión *Apollo 11* marcó el primer alunizaje: después de dar su primer paso en la Luna, Neil Armstrong pronunció su famosa frase: "Este es un pequeño paso para un hombre, pero un gran salto para la humanidad".

¿QUÉ ES LA LUNA?

Aunque la Luna pueda parecer un planeta es en realidad un **satélite** que orbita (es decir, que se desplaza alrededor de) la Tierra. Su trayectoria completa se prolonga a lo largo de 27 días terrestres. Un planeta orbita siempre alrededor de una estrella (como nuestro Sol) pero una luna lo hace alrededor de un planeta. También otros planetas tienen lunas: ¡Júpiter tiene 67!

TU MISIÓN

Mientras orbita la Tierra, la Luna gira sobre sí misma. El tiempo que toma completar esa órbita se conoce como un día lunar y equivale a casi 656 horas o más de 27 días terrestres. ¿Aproximadamente cuántas horas más tiene el día lunar respecto al día terrestre?

656 – 24 = ?

Del mismo modo que la Luna orbita la Tierra, la Tierra orbita el Sol. Como el Sol está más lejos de la Tierra que la Luna, parecen tener el mismo tamaño, aunque en realidad el Sol es mucho más grande.

RESPUESTA: Un día lunar es aproximadamente 632 horas más largo que un día terrestre.

NUESTRO VECINO MÁS PRÓXIMO

La Luna está a una distancia media de la Tierra de 240,000 millas (386,240 km). Puede parecer mucho pero, en realidad, la Luna es el cuerpo celeste más próximo a nosotros y es más pequeño que la mayoría de los planetas. Si la vemos iluminarse brillantemente por la noche se debe a su cercanía. Nuestra Luna es una de las lunas más grandes del sistema solar.

TU MISIÓN

Un diámetro es una línea imaginaria que atraviesa un objeto esférico de un lado a otro pasando por el centro. El diámetro de la Luna es de 2,159 millas o 3,475 kilómetros. El diámetro de la Tierra es de 5,767 millas o 9,281 kilómetros más largo que el de la Luna. Averigua el diámetro de la Tierra en millas y kilómetros.

2,159 + 5,767 = ?   3,475 + 9,281 = ?

El tamaño de la Luna es aproximadamente una cuarta parte del de la Tierra.

RESPUESTA: El diámetro de la Tierra es de 7,926 millas o 12,756 kilómetros.

LA ATRACCIÓN DE LA LUNA

La Luna está lo bastante próxima a la Tierra para que la fuerza de su **gravedad** cause que las masas de agua en la Tierra avancen y retrocedan. La gravedad lunar origina mareas en nuestros mares y océanos. Cuando la gravedad de la Luna tira de un lado de la Tierra hace que las aguas se "eleven" o aumenten en dirección a la Luna. En el extremo opuesto de la Tierra se crea también la correspondiente alteración. ¡La tierra se aparta de las aguas!

TU MISIÓN

Las áreas costeras de la Tierra tienen dos mareas altas y dos bajas todos los días. Entre dos mareas altas pasan 12 horas y 25 minutos; el tiempo entre la marea alta y la marea baja es la mitad de eso. ¿Cuánto tiempo pasa entre una marea alta y la subsiguiente marea baja?

12 horas, 25 minutos ÷ 2 = ?

La posición del Sol afecta también a las mareas: cuando el Sol y la Luna se alinean de cierta forma, se genera un fuerte componente de atracción gravitacional combinado que causa mareas muy altas o muy bajas.

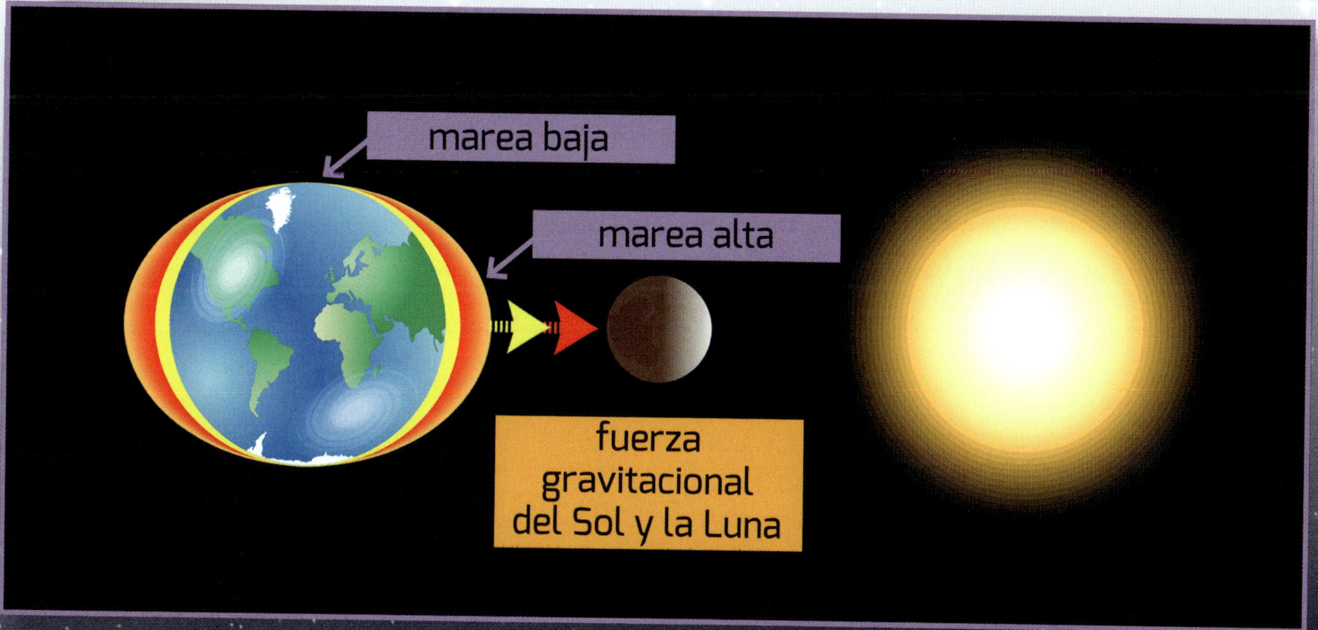

RESPUESTA: El tiempo que transcurre entre la marea alta y la baja es de 6 horas y 12 minutos y medio.

FASES DE LA LUNA

La Luna carece de luz propia: la luz de la Luna es en realidad el **reflejo** del Sol en diferentes fases de la Luna durante su órbita. Esto quiere decir que en ocasiones la Luna parece un círculo y en otras parece una letra C. Se trata de diferentes **fases**: la Luna adquiere diversas formas aunque en realidad no cambia nunca.

TU MISIÓN

He aquí las fases de la Luna por orden:
1) Luna nueva, 2) Luna nueva visible, 3) cuarto creciente, 4) gibosa creciente, 5) Luna llena, 6) gibosa menguante, 7) cuarto menguante, 8) Luna menguante.

Comenzando con una Luna llena, ¿qué fracción de las fases ha transcurrido cuando aparece una Luna llena?

$$\frac{\text{Fases pasadas antes de la Luna llena}}{\text{Todas las fases}} = \frac{?}{?}$$

Entre dos lunas nuevas hay aproximadamente 29 días y medio o casi un mes.

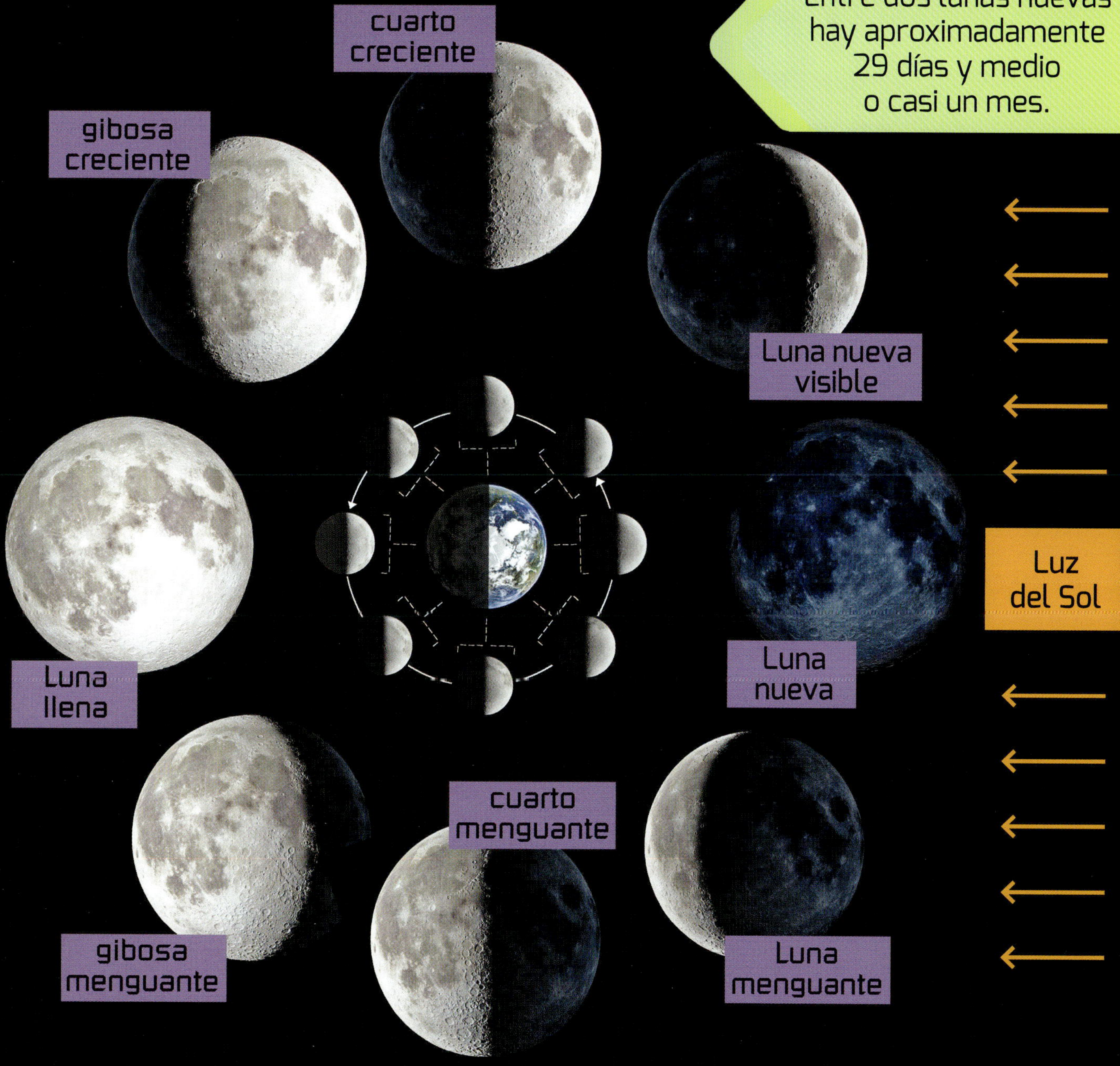

RESPUESTA: Comenzando con una Luna llena, transcurren 4/8 o 1/2 de las fases antes de que aparezca una nueva Luna llena.

¿DÓNDE SE ESCONDIÓ LA LUNA?

De vez en cuando se produce algo que da la impresión de que la Luna desaparece, el llamado eclipse lunar. Durante el eclipse lunar, la Tierra pasa entre el Sol y la Luna y proyecta su sombra sobre esta última. Algunos eclipses lunares son totales, lo que significa que la Luna queda cubierta por la oscuridad. Durante un eclipse parcial solo una parte de la Luna queda cubierta.

TU MISIÓN

Durante un eclipse **penumbral**, la sombra externa de la Tierra se proyecta sobre la Luna. Utiliza la tabla de la página 15 para averiguar la diferencia entre el número de eclipses penumbrales y totales que ocurrirán entre 2017 y 2020. ¿Qué fracción representa el número de eclipses penumbrales de la tabla?

eclipses penumbrales – eclipses totales = ?

$$\frac{\text{eclipses penumbrales}}{\text{todos los eclipses}} = \frac{?}{?}$$

ECLIPSES LUNARES, 2017–2020

Febrero 11, 2017	penumbral
Agosto 7, 2017	parcial
Enero 31, 2018	total
Julio 27, 2018	total
Enero 21, 2019	total
Julio 16, 2019	parcial
Enero 10, 2020	penumbral
Junio 5, 2020	penumbral
Julio 5, 2020	penumbral
Noviembre 30, 2020	penumbral

Cuando empieza un eclipse total puede verse parte de la Luna pero, al final, solo se ve una parte muy pequeña o nada en absoluto.

RESPUESTA: Hay dos eclipses penumbrales más que eclipses totales. Los 5/10 o 1/2 de los eclipses de la tabla son penumbrales.

NO ES UNA BOLA DE QUESO

Las áreas cóncavas, en forma de cuencos, que vemos en los dibujos y fotografías de la Luna se llaman cráteres. Se han formado por los asteroides y los **cometas** que se han estrellado en su superficie. Estos meteoros han creado también parte del suelo lunar; otra porción se debe a la salida de lava, roca fundida, durante **erupciones volcánicas** acaecidas hace miles de millones de años.

TU MISIÓN

El punto más alto de la Tierra, el monte Everest, mide 29,035 pies o 8,850 metros sobre el nivel del mar. El punto más alto de la Luna es 6,352 pies o 1,936 metros más alto. ¿Qué altura tiene el punto más elevado de la Luna en pies y metros?

29,035 + 6,352 = ?

8,850 + 1,936 = ?

Según los científicos, los elementos que constituyen la superficie y el suelo de la Luna son similares a los de la Tierra. Hasta ahora no hay señales de vida. ¡Las temperaturas en la Luna oscilan entre –243 °F (–153 °C) y 253 °F (123 °C)!

RESPUESTA: El punto más alto de la Luna mide 35,387 pies o 10,786 metros.

CAMINAR POR LA LUNA

La gravedad es lo que mantiene nuestros pies pegados al suelo. Caminar por la Luna debe resultar raro, porque su gravedad es inferior a la de la Tierra, y la gravedad afecta lo que pesa un objeto: el peso es, en realidad, la medida de cuánta gravedad atrae la **masa** del objeto. La gravedad de la Tierra es seis veces la de la Luna, así que un objeto pesa seis veces más en la Tierra.

TU MISIÓN

Si un objeto pesa 60 libras en la Luna, ¿cuánto pesará en la Tierra? Si un objeto pesa 60 libras en la Tierra, ¿cuánto pesará en la Luna?

60 x 6 = ?　　60 ÷ 6 = ?

Como la gravedad lunar es más débil que la terrestre, los astronautas que caminan en la Luna, parecen saltar o flotar.

RESPUESTA: Un objeto que pese 60 libras en la Luna pesa 360 libras (163 k) en la Tierra. Un objeto que pese 60 libras en la Tierra pesa 10 libras (4.5 k) en la Luna.

UN GRAN SALTO

Nadie ha caminado por la Luna desde 1972, pero todavía recibimos datos de los satélites y otros dispositivos. Una nave espacial descubrió incluso presencia de agua. Quizá las misiones tripuladas al espacio del futuro puedan utilizar esta agua algún día. ¡Los científicos están impacientes por ver qué más pueden descubrir!

TU MISIÓN

Dos seres humanos caminaron en la Luna como parte de la misión *Apollo 11*. En febrero de 1971, este número se triplicó. ¿Para febrero de 1971 cuántas personas habían caminado por la Luna? El número total de personas que han caminado por la luna es 2 veces esa respuesta. ¿Cuántas lo hicieron en total?

$2 \times 3 = y \qquad y \times 2 = ?$

En el 2009, el *Lunar Crater Observation and Sensing Satellite* (*LCROSS*) (Satélite sensor para la observación de los cráteres lunares) demostró que bajo la superficie lunar hay agua.

RESPUESTA: En febrero de 1971 habían caminado por la Luna seis personas de un total de 12.

GLOSARIO

astronauta: alguien que trabaja o vive en el espacio.

cometa: objeto espacial compuesto por hielo y polvo que se desplaza a gran velocidad con una larga cola brillante que resplandece al pasar cerca del Sol.

erupción volcánica: emisión explosiva de roca líquida y caliente en un planeta o luna.

fase: etapa de un proceso o de una cadena de acontecimientos.

gravedad: la fuerza que atrae los objetos hacia el centro de un planeta, luna o estrella.

lunar: lo relacionado con la Luna.

masa: la cantidad de materia de un objeto.

misión: tarea cuya realización queda a cargo de un grupo o un equipo.

penumbral: un espacio parcialmente iluminado, entre sombras por todas partes y plena luz.

reflejo: el hecho de devolver luz, calor o sonido.

satélite: objeto que orbita la Tierra. Los de fabricación humana recogen y envían información o sirven de ayuda a las comunicaciones.

sistema solar: el Sol y todos los cuerpos celestes que orbitan en torno suyo, incluyendo planetas y lunas.

PARA MÁS INFORMACIÓN

Libros

Close, Edward. *Moon Missions.* New York, NY: PowerKids Press, 2014.

Owen, Ruth. *The Moon.* New York, NY: Windmill Books, 2014.

Ross, Stewart. *Moon.* New York, NY: Scholastic, 2009.

Sitios de Internet

Earth's Moon
solarsystem.nasa.gov/kids/index.cfm?Filename=moon_kids
Puedes leer más cosas sobre la Luna, nuestro satélite.

The Moon
www.planetsforkids.org/moon-moon.html
Incluye un mapa detallado de la Luna e información sobre sus fases.

Nota del editor a los educadores y padres: nuestro personal especializado ha revisado cuidadosamente estos sitios web para asegurarse de que son apropiados para los estudiantes. Muchos sitios web cambian con frecuencia, por lo que no podemos garantizar que posteriores contenidos que se suban a esas páginas cumplan con nuestros estándares de calidad y valor educativo. Tengan presente que se debe supervisar cuidadosamente a los estudiantes siempre que tengan acceso al Internet.

ÍNDICE